시詩원한 날

강연화 강영자 김금숙 김무숙 김성환
김태임 노해윤 배원석 안경숙 윤순분
이민숙 이영관 장진숙 지한순 한숙자

기획 배방 어울림 문화센터

북인스토리

시詩원한 날

2024년 11월 20일 초판 인쇄

지은이	배방어울림문화센터 시창작시낭송 클래스
펴낸이	오정화
펴낸곳	북인스토리
편집인	박정원
출판등록	제2024-000101
주　소	경기도 용인시 기흥구 금화로3, 주공프라자 202-A25호
이메일	bookinstory01@gmail.com
ISBN	979-11-9884914-4

이 책은 저작권법에 따라 보호받는 저작물이므로 무단 전제와 복제를 금지하며, 이 책의 내용을 이용하려면 저작권자와 도서출판 북인스토리의 서면동의를 받아야 합니다.

추천의 글

　마을의 온정과 가을의 정취가 담긴 이 시집은 아산 지역 주민들의 따뜻한 참여가 어우러져, 이곳에서 꿈을 꾸고 실현해 나가는 이야기가 있습니다.

　이 시집에 담긴 시는 가족의 소중함과 자연의 아름다움, 우리 주변의 풍경을 떠올리게 하는 소소한 시심을 담았습니다. 시인의 글 속에선 우리 모두가 꿈꾸는 미래를 향한 희망을 느낄 수 있습니다. 이 시집을 통해 독자 여러분이 가을의 아름다움과 시골의 따뜻함을 느끼고, 주민들의 참여와 꿈을 함께 나누는 시간을 가지시길 바랍니다.

　시집을 발간하기까지 힘써주신 유원기 배방어울림문화센터 센터장님, 시인으로 참여해 주신 〈시창작시낭송〉 클래스의 노고에 감사드리며, 시심을 가진 아름다운 지역공동체의 탄생을 축하드립니다.

아산시 도시재생지원센터장 이희원

　아산시 배방어울림문화센터 〈시창작시낭송〉 클래스의 시집 출간은 자신만의 시각과 감성을 세상에 공개하는 용기이자 새로운 문학 여정을 시작하는 순간입니다. 설렘과 긴장감 속에서, 작품이 독자에게 진실한 마음으로 닿기를 바라는 마음입니다.

　〈시창작시낭송〉 클래스에서 배운 시의 결과물로 시어 하나하나에 담긴 풋풋함과 진솔한 고백이 독자의 마음에 깊은 울림을 줄 것입니다. 이 시집의 신선한 감성과 자유로움이 독자에게 색다른 시적 경험을 선물할 것입니다.

　동인지 첫 시집이 앞으로의 큰 도약을 위한 소중한 디딤돌이 되기를 바라며, 그 첫걸음을 함께할 수 있어 진심으로 감사드립니다.

시인 박춘희

추천의 글

이번 배방어울림문화센터의 〈시창작시낭송〉 클래스를 통해 「시詩원한 날」 시집이 세상에 나오게 되었습니다.

어느 시인이 "시란 살며 내뱉는 한숨 같은 것, 아무것도 섞이지 않은 한숨, 일상에서 들이마신 일들을 삭히며 내뱉는 한숨 같은 것"이라고 말하는 것을 들은 적 있습니다.

「시詩원한 날」 시집을 통해 15인의 시인이 우리 삶의 시간과 자연, 일상에 대한 내뱉는 한숨은 순수하기에 우리의 가슴을 뜨겁게 만듭니다. 또한 시인들의 내면에서 우러나온 통찰과 창의적 열정이 담담히 적힌 이 시집은 시를 만나는 내내 깊은 감동을 줍니다.

깊은 의미의 시를 만나 갈수록 마음속에 깊은 울림과 영감이 가득할 것이며 많은 사람에게 시의 행복 경험을 선물할 것이라 믿습니다.

배방어울림문화센터는 앞으로도 지역 주민의 문화적 성장을 지원하며, 창작의 꽃을 활짝 피울 수 있는 장을 마련해 나가겠습니다.

아산시 배방어울림문화센터장 유원기

프롤로그

어느 날 우리는, 그저 지나가는 일상에서 시를 만났습니다.

젊은 날의 속도를 지나, 때로는 더딘 걸음으로, 뒤돌아보며 살아온 시간 속에서 잃어버린 것을 찾아 나가는 여정이 어쩌면 시였을지도 모릅니다.

이제야 단어를 다듬고, 문장을 이어가며, 잊고 지냈던 마음의 언어를 꺼내 놓습니다. 시는 살아온 이야기이자, 지금 이 순간에 머무는 진실한 목소리입니다.

삶의 굽이굽이에서 찾은 시 한 줄, 그 안에 담긴 세월의 향기와 고요한 울림을 이제, 여러분과 나누고 싶습니다. 시를 배우기 시작한 그날부터, 한 걸음 한 걸음 써 내려간 이 책이, 독자 여러분께도 작은 위로가 되기를 바랍니다.

삶은 우리의 얼굴과 손길에 이야기를 새겨 놓습니다. 중년을 지나온 지금, 우리는 긴 여정 속에서 잠시 멈추어, 그 이야기를 시로 풀어, 젊은 시절에는 발견하지 못했던 단어들, 세월이 빚어낸 감정들이 천천히 우리 곁에 다가와 시가 되었습니다.

이 책은 시를 처음 배우며 적어 내려간 〈시창작시낭송〉 클래스의 소박한 기록입니다. 어쩌면 서툴고 어색할지도 모르지만, 그 안에는 삶의 온기가 담겨 있습니다. 나날이 쌓여가는 인생의 무게를 안고, 우리는 여기서 잠시 쉬어가며 시를 통해 서로의 마음을 마주합니다.

시를 가르친 한 사람으로서 시집 출간에 보람을 느낍니다. 이 책이 우리의 이야기이자, 독자님들의 이야기가 되기를 바랍니다.

시인 박춘희

목차

추천의 글		5
프롤로그		7

강연화	가을이 오면	14
	꽃에게 빼앗긴 마음	
	너를 만나 물들 때	
	단풍	
	어머니의 일생	
	봄꽃처럼	

강영자	금송화 차	22
	나 하나쯤이야	
	배꼽	
	아버지와 누렁이	
	완두콩 다섯 알	
	할머니 심심풀이	

김금숙	가을은 다시 오고	30
	가을이별	
	냉이꽃	
	모닝커피	
	미련	
	중년	

김무숙	가로수	38
	바둑	
	선인장	
	저물어가는 황금기	
	코스모스	
	철길	

김성환	관심법	46
	목욕탕에서	
	어떤 것이 맞나	
	위로	
	코스모스 길가에	
	탈출	

김태임	봄이 오는 길목에서	54
	여심화	
	초복	

노해윤	가을 닮은 그대	58
	꽃이 진다	
	성숙	
	어머니	
	10월의 평화	
	촛불의 기도	

배원석	통일의 노래	66
	꼰대의 종말	
	낙엽에게	
	먹자골목	
	아내를 보며	
	겨울을 기다리며	

안경숙	가을	74
	섬	
	아메리카노	
	아버지	
	어머니	

윤순분	나이아가라폭포	80
	루즈벨트라스랜드	
	호박	

이민숙	님 마중	84
	달님 속의 어머니	
	몽고반점	
	윤슬 시 성형외과	

이영관	퇴화	90
	계절의 교차	
	낙엽 질 때면	
	콩나물의 실루엣	
	시어머니와 2박 3일	
	우리는 여름과 가을 사이	
장진숙	고장 난 시계	98
	새벽	
	치매	
	잡초의 꿈	
	코스모스	
	해장국	
지한순	아버지의 지게	106
	봄 마중	
	6월의 노래	
	설화의 시 향연	
	커피 한잔	
	채송화	
한숙자	내 짝	116
	신발 한 켤레	
	양수리	
	여유	
	텀블러의 선물	
	허무	
에필로그		122

강연화

가을이 오면

꽃에게 빼앗긴 마음

너를 만나 물들 때

단풍

어머니의 일생

봄꽃처럼

가을이 오면

뜨겁던 태양이 조금씩 식어 가면
낮이 점점 짧아지면서
서늘한 기운이 가까이 온다
마치 애들이 놀러 왔다
돌아간 뒤의 허전한 마음처럼
쓸쓸한 적막감이 주위를 맴돈다

다시 올 아이들을 생각하면
빙긋이 웃음이 나오듯
한참을 바라보게 되는 단풍과
노랗게 물든 은행나무를 보면
상기된 얼굴에 미소가 번진다

온 산등성이에
불타는 아름다운 단풍을
오래도록 바라보고 싶고,
은행나무 길을 걸으며 노랗게 물들고 싶다

비경의 풍경을 품고 있는 산이 부른다
짧은 가을볕을 온몸으로 받으며
낙엽 밟는 소리를 가득 채우고 싶다

꽃에게 빼앗긴 마음

설화재에 천상의 정원이 있다는
이야기를 들었다

궁금하고, 가보고 싶은 마음
가득했다

오월 어느 날, 바람 따라
구름 따라가 보기로 했다

숲길을 올라 향기가 이끄는 대로
닿은 그곳에는 꽃의 천상이 있었다

우리는 모두 꽃이 되었다

너를 만나 물들 때

어제보다 오늘이
더 붉고 이쁘다
날마다 조금씩 물들어 간다

아무것도 모르고
붉게 물들어 가는 것이
마냥 이쁘고 대견하다

세상에 영원한 건
아무것도 없는데
얼마나 더 붉어질 수 있을까

빨갛게 빨갛게 다 익으면
이별이 오는 줄도 모르고
그렇게 겹겹이 물들어 간다

그래도
예쁘게 자랑스럽게
기꺼이 오늘을
활활 불태워 보자

단풍

건물과 건물 사이 바람골

세찬 바람이 부는 어느 날
이리저리 몸부림치고
아우성치며 견디는 너를 보았다

시련 없이 산다는 것은
삶에 참 맛을 모른다 하지만
고통 없이 빛을 보기란 더욱 어렵다

곱던 단풍나무도 때가 되면
겸손히 잎을 떨군다
다른 나무들 보다 눈에 띄게
아름답고, 찬란했던 너

아, 그냥 그런 것이 아니었구나

어머니의 일생

어머니는
"내가 남자로 태어났다면
아마 지금쯤 한자리하고 있을 텐데"
가끔 그런 말씀을 하시며 배움의 한을
놓지 못하셨다

부잣집 막내로 태어나
다방면에 뛰어난 재능이 있었지만
그 시절 여자들은 공부를 시키지 않아서
많이 배울 수가 없었다고

그 한을 외모나 능력이 출중했던
둘째 아들에게 풀어보고 싶었지만
사춘기 때 빗나갔던 아들을 위해
무던히도 애쓰셨던 어머니

맏며느리로 호랑이 같던 시아버지와
며느리와 같이 아기를 낳으셨던
시어머니를 모시며,
내 딸들은 절대 맏이한테
시집보내지 않겠다 하셨던 어머니

아버지와 부부 싸움하시는 모습을
한 번도 본 기억이 없이 사이가 좋으셨다
뇌출혈로 먼저 가신 아버지를 위해
지극 정성으로 간호하셨던 어머니

우리 육 남매 모두 출산할 때마다
산 바라지를 해주시고
자식들에게 부담 주기 싫다고
요양병원에 몇 년 계시다
작년에 따뜻하고 햇살 좋은 날

아버지 곁으로 가신 우리 어머니
자꾸만 불러보고 싶다

봄꽃처럼

"재잘 재잘 재잘"
챙챙챙 트라이앵글 소리 되어
늘 귓가에 맴돈다

저만치 킥보드 타고
"할머니 빨리 와"
손짓하던 모습
봄꽃에 나풀대는 나비처럼
눈에 아른거린다

꽈배기 가게가 문이 닫혀
그냥 돌아서던, 허전한 눈빛
꽃을 닮은 그 아이
아, 보고 싶다

그윽한 커피 향처럼 그립다

강영자

금송화 차

나 하나쯤이야

배꼽

아버지와 누렁이

할머니 심심풀이

완두콩 다섯 알

금송화 차

마른 꽃 세 송이 찻잔에 넣었다

팔팔 끓는 물에 놀라 꽃이 핀다
마지막 향기로 다시 피어올라
깊은 맛이 우려지길 기다린다

기다림에 차 향이 그윽하게
그대 반길 준비로 황홀하다

찻잔에 들어오기까지
얼마나 오랜 시간에 애달팠을지

이른 봄, 씨앗 뿌려 놓고
한여름 잡초 뽑아 주며
행여 병나지 않을까
애지중지 키웠다

수줍은 아기씨 입처럼
꽃봉오리 앙다문 채
덖고, 말리기를 반복했다

첫 차 맛을 함께 할 그대 기다림에
마음이 설레고 분주하다
찻잔 속에는 꽃잎 꼬리가
빠알간 금붕어가 헤엄치는 것 같다

후우, 하고 불면 반갑다고
두리둥실 꼬리를 흔든다

나 하나쯤이야

아파, 견딜 수 없다고 소리친다
먹구름도 못 참고 우렁우렁 운다

격하게 쏟는 네 눈물은
강으로, 바다로 흘러 모두를 슬프게 한다
강렬한 햇빛도 너무 아파 절규한다

'나 하나쯤이야'가 부른 괴멸
무심코 버린 쓰레기에 깔려
지구는 몸살로 신음한다

너를 아프게 하고, 병들게 했구나
우리는 스스로 입을 막을 수밖에 없는
세상을 만들었다

귀 기울여 들어 보아라
지구의 비명을, 그에 절규를

나 하나가 부른 파멸이다

배꼽

거울 속에 너는
볼우물 같기도 하고
누워서 손가락으로 더듬어 보면
영락없이 꼭지 떨어진 사과 배꼽

지금은 아무 쓸모 없는 것 같지만
어머니와 내가 한 몸 되어
수많은 이야기와 아름다운 기억을
차곡차곡 간직한 비밀의 곳간이다

다시 듣기를 할 수 있으면 좋겠다
아니, 반복 듣기면 더욱 좋겠다

영원한 비밀 간직한 채
꼭 다문 입에 미소를 건넨다

아버지와 누렁이

가을 추수 끝나면 아버지는
어미 소를 팔고 어린 송아지를 사 온다

한겨울 동안
여물에 콩 쪼가리와 고구마, 쌀겨
듬뿍 넣어 자식처럼 기르신다

봄이 되면 뿔도 나오고
윤기 흐르는 중소 되어
앞산 밑 논길로 일 나간다

아직은 차가운 물 속
일할 줄 모르는 누렁이와 아버지
금세 물텀벙이가 되고

모내기 끝날 즈음엔
앞산이 울릴듯한 아버지 호령에

"이랴"하면 앞으로 곧장 가고
"들바"하면 다리를 번쩍 드는
능숙한 일 소가 되어있다

할머니 심심풀이

한 동네로 시집오신
할머니와 이모할머니
다른 어떤 자매들보다
사이가 좋으셨다

매년 명절 때면
민화투 놀이를 하신다

돋보기 쓴 우리 할머니
당신 손 뚫어져라 쳐다보시고
동생 손에 든 것을
돋보기 너머로 훔쳐보시며
슬쩍 바꿔치기도 하신다

"엄마! 놀이하는데 왜 저러실까?"

"이모할머니와 너희 할머니의 다른 점이다"

장난기와 승부욕이 슬슬 나오고
안방 웃음소리 담장을 넘는다

완두콩 다섯 알

한 꼬투리 안에
완두콩 다섯 알

부모님의 사랑 먹고
옹기종기 자랐지

더딘 스무 살 성장을 기다리며
넓은 세상을 동경하던 오 형제

햇볕 고운 어느 날
꼬투리 터지고
툭툭 튀어 나간 형제들

저마다 각지에서 땀 흘려
풍년을 부르는 삶의 농부가 되었다

김금숙

가을은 다시 오고

가을 이별

냉이꽃

모닝커피

미련

중년

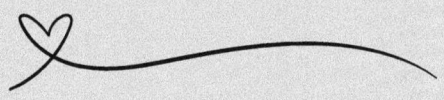

가을은 다시 오고

길섶에는 낙엽이 수북하다
바람결이 가을을 나른다

솜털처럼 살랑이며
부는 바람은
들판을 온통
황금빛으로 물들인다

노란 들판 위에
고추잠자리가
빨간 꽃으로 피어오른다

햇빛은 나무 아래
나무 그림자를 그리는 시간

그리움이 파편처럼 흩어진다
가을은 또다시 그리움이 된다

가을 이별

꽃내음 같던 그대의 향기
바람 같은 당신의 흔적

가을이 문득 찾아오면
홀로 흔들리던
붉디붉은 단풍이
옷깃을 여미며 길을 떠납니다

기약 없이 떠나버린 이별은
까치와 함께
다시 돌아올 때까지

할 일 없는 여인처럼
빨갛게 물든 산길을 따라
걷고 또 걷습니다

햇살 받아 푸석해진 낙엽
발아래 잘게 부서지고
스산한 바람은
어깨를 움츠리게 합니다

냉이꽃

달콤한 봄밤
밤새 별이 쏟아져 내려와
하얗게 작고 예쁜
냉이꽃으로 피었다

새벽하늘 큰 별은
목련 나무 위에
작은 아기별은 냉이꽃 위에

소곤소곤 속닥속닥
전해주는 봄소식
나른한 오후 향기 되어 나른다

새하얀 냉이꽃
텃밭 가득 환하다

모닝커피

잔뜩 찌푸린 하늘이
주르륵 한줄기
눈물을 쏟아낸다

커피를 내린다
커피 한 잔의 여유에서
느껴보는 쉼표

잠시 쉬었다 가라고
그저 쉬었다 가라고

커피 한 잔이 나누는
부드러운 속삭임

안갯속 막연한 그리움이
커피 향에 스며든다

이 작은 한 잔의 행복이
나의 하루를 깨운다

미련

바람이 지난 자리
풀꽃이 흔들린다

그리움이 달려와
흐르는 강물에
내 마음 띄워 보낸다

그리움은 그렇게 다가와
추억을 되새김하며
잠시 내 곁에 머물다 간다

너를 향한 내 마음 전할 수 있게

중년

애썼다 수고했다
여기까지 오느라
다독여 줄 사람 있고

미안하다 고맙다
잘 견뎌줘서
위로하는 사람 있고

찰랑이던 검은 머리
하얀 서리가 다 덮도록
여기까지 왔는데

깊게 팬 주름살이
차마 아름답다고
말해줄 사람 있어

소소한 중년의 행복
투박한 뚝배기 속
구수한 된장찌개

맛있게 익어가는 나의 중년

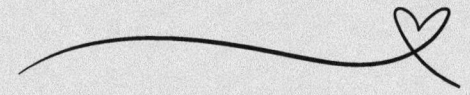

김무숙

가로수

바둑

선인장

저물어가는 황금기

<u>코스모스</u>

철길

가로수

창밖 지나며, 보이는 나무

자기들이 살아온 삶에 만족하며
그 자리에 서 있을까

사계절 따가운 햇볕 아래
비, 바람, 눈 맞으며
어떤 생각으로 그 자리에 있을까

아니, 그냥
그곳에서 매캐한 매연을 맞으며
그 자리를 지키려는 건 그들의 마음일까

어느 멋진 주택에 살며
손질과 관리받기를 원하는
정원수가 되기를 꿈꾸었을까

오랜 시간의 묵은 때를 빗물에
벗겨보는 가로수
지구의 건강을 지키는 파수꾼이다

바둑

바둑이 취미인 배우자는
모든 시름 바둑에 묻었다

똑, 딱, 정적 깨는 바둑돌 소리
황톳빛 사각 틀에 변화무쌍 361생

세상살이 백 한돌에
애환 어린 흑 한돌

백색 돌의 어르신과
흑색 돌 잡은 옆 지기
생각이 팽팽하다

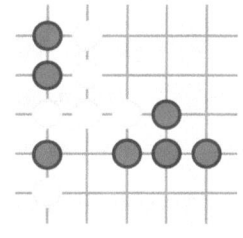

마주한 어르신 눈가에
깊은 주름이 찌푸려진다

이리저리 어우러진 인생살이
삶의 진리란 무수한 게임을
풀며 사는 것 같다

선인장

작열하는 태양에
눈 부신 빛의 선을 우러러
갈증과 목마름을
내 안에 감춘 채

속으로 삭힌 아픔을 끌어 올려
뾰족한 슬픔이
외면을 뚫고 돋아나는
곧은 가시로 뽑아 올렸다

부푼 진액의 포만감에
거북한 손끝을 딴다

저물어가는 황금기

하늘은 코랄 빛으로 청명하고
들에는 누런 황금빛이 일렁인다

산등성이는
하늘과 땅의 모습에 뛰고 싶어
울긋불긋 다양한 색으로
나이를 덮으려 장식하고 뽐낸다

인생은 지금부터라고 깃을 세운다

코스모스

여린 코스모스 꽃잎
한 잎, 두 잎, 따서
열 손가락 손톱에 붙여본다

검게 그을린 거친 손등에
달고 달아 뭉뚝해진 손톱
손톱은 세월의 흔적을 새겨 놓았다

쭉 곧은 코스모스 꽃잎 손톱
길어진 코스모스 꽃잎 손톱으로
살며시 코스모스를 터치해 본다

세련된 여인의 네일 부럽지 않다

한결 우아하고 고운
코스모스 꽃잎 손톱
꽃잎 손톱 바라보며

순간 고왔던 시절로 돌아가
공주 놀이에 빠져본다

철길

몇 년 전만 해도
역 대합실에서 기차를 기다리던
간이역이 있었다

칸칸이 엮어 구부러진 길을
돌 때면 앞 칸과 뒤 칸이 낯 모를
인사를 한다

흔적만이 남아
이제는 잊힌 철길
버려지고, 잊힌 녹슨 쇳덩이는
흙과 들풀 사이로 화사같이 스쳐 간다

산책 나온 이주민 발끝에 채이며
과거의 철길이 여기이었음을 증명한다

김성환

관심법

목욕탕에서

어떤 것이 맞나

위로

코스모스 길가에

탈출

관심법

달이 하도 밝아 찍어보았더니
어둠이 졸고 있더라

달이 그리워 찍어보았더니
외로움이 서성대고 있더라

찍어보니 알겠더라

바라보니 짝사랑이고
찍어보니 진실이더라

목욕탕에서

어린 시절 우리 집은
목욕탕이 따로 없었다

부엌이 목욕탕이었고
큰 고무다라가 욕조였다
어머니는 때밀이를 하셨는데
돈 한 푼 받지 않으셨다

때 타올도 없었는데
어떻게 여러 자식의 때를 밀어주셨는지
그땐 어머니가 지금의 나보다
훨씬 젊으셨었다

어머니는 내 등을
손바닥으로 때리시면서
"까마귀가 깍깍 형님 하겠다"
놀리셨다

어머니의 거치른 손길이 그리운 날
지금은 내 등 밀어줄
아들도 친구도 없다

이렇게 남은 인생 홀로 가는가 보다

어떤 것이 맞나

누군가는 풀밭이라고 말하고
어떤 사람은 꽃밭이라고 말한다

누구는 개망초라 말하고
또 어떤 사람은 미국쑥부쟁이라고 말한다

하늘에 계신 우리 어머니께 물으면
정답을 바로 알려줄 텐데

하늘과 땅 사이가 너무 넓다

위로

인간은
누구든 위로받고 싶어 하는
연약한 동물이다

꽃은
누구든 위로해 주는
고귀한 식물이다

논두렁에 핀 꽃들아,
어머니처럼 감사하다

코스모스 길가에

가꾸지 않아도
저절로 피는 꽃

지켜보지 않아도
무작정 피는 꽃

무관심에도
한들한들 웃는 꽃

바람에 날려도
모여 피는 꽃

보기만 하여도
그리운 고향 꽃

탈출

그리움은
담 넘어 던져버려요

외로움은
장독 뒤에 숨겨놓아요

서러움은
구름 위에 실어 보내요

내 마음은
어느새 탈옥수가 되었네요

김태임

봄이 오는 길목에서

여심화

초복

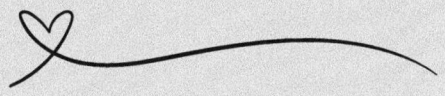

봄이 오는 길목에서

찬 바람에 훈풍 불더니
꽃눈이 외투를 벗는다

개나리, 진달래도 예쁘지만
산수유, 매화가 나를 쳐다본다

하루 해가 저물어
능선에 둥근 노을 꽃이 피면
노을에 물든 찻잔이 붉다

처음 피는 꽃 마지막 보는 꽃
찻잔에 앉아 내게 말을 건넨다

다관 속을 유영하던 꽃잎
잘 우려졌으니 한 몸 되어
차 향에 취해, 한 잔 나누자고 권한다

여심화

붉은 꽃 능소화
작열하는 태양 아래
너와 나 어우러져
넝쿨 이루며
촌집 돌담 아래 핀 꽃

고고한 절개, 침묵만이 맴돈다
연약한 꽃 한 송이
외로움과 기다림
능소화로 승화된 그 모습
철의 여인이어라

꽃 한 송이 낙화 되어
고운 자태 흔들림 없이
그리운 임을 기다리며
세월 따라 환생한
애달픈 능소화

초복

청산과 보은은 대추로 유명하다

복날에 비가 오면
청산 보은의 큰 아기가 운다

복날에 꽃이 많이 피어야
대추가 잘 열리게 된다

복날 비가 오면
대추 농사는 흉년이 들어
딸 혼인 비용과 생계가
어려워진다

시집 못 간 큰 애기
울음소리가 들리시나요

안 들리면, 아비는 더덩실
어깨춤을 추며, 풍년가를 부른다

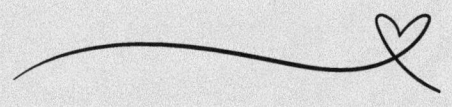

노해윤

가을 닮은 그대

꽃이 진다

성숙

어머니

10월의 평화

촛불의 기도

가을 닮은 그대

가을바람이 속삭이는 듯
그대의 이름을 부르면
잊지 못할 그리움이 떠오릅니다

황금빛 낙엽처럼
가을을 닮은 그대의 기억은
고요히 나를 감싸오고
눈 부신 햇살 아래
아름다움으로 빛나는
순간을 소환해 봅니다

서늘한 공기 속에 스미는
그대 미소는
잔잔한 호수가 되어
가슴 깊이 나의 마음에
아련한 여운을 남깁니다

가을이 오면
옛, 그 길을 걸으며
그대를 그리워합니다
세상이 변하여도
변치 않을 것 같았던 그대
하늘의 별처럼 내 가슴속에
영원히 빛날 것입니다

그대여,
이 가을 나의 그리움이
바람에 실려 어딘가에 닿아
원하는 대로 되기를 기도합니다
서로의 마음을 다시 잇는
그날을 기다립니다

꽃이 진다

밤새 울어대던 천둥과 비바람에 시달리더니
결국 순한 양들처럼
소리 없이 한잎 두잎 떨어진다

흠뻑 젖은 저 꽃잎 지고 나면
내 가슴 시린 추억들도 잊힐까

아름답던 자태와 향기마저 뒤로한 채
시나브로 차가운 땅에 내려앉는다

내 슬픈 기억을 지우려는 듯
빗소리와 함께 씻기어 멀어져 간다

속절없이 눈물 어린 꽃이 진다

성숙

가을바람이 어디서부터
그토록 흔들리는 번민을 참아왔는지
묻지 않겠습니다

이른 아침 소나기가
음악처럼 내 영혼을 적시며
하루를 꿈결같이 열 때,
그 비가 어디서부터
그토록 많은 눈물을 참아 왔었는지
묻지 않겠습니다

가을바람과 비가 내 앞에 왔으므로
아름다운 삶이 되었으니
그저 그 모양대로 감사하며
사랑하겠습니다

어머니

깊게 파인 주름은
세월의 흔적일까

시간의 흐름 속에 물든 사연
그 안에 깊이 간직한 채
가슴속에 묻어둔 눈물마저
아직 마르지 않았는데

물결치는 주름 너머
삶의 희로애락은 일렁이고
굽이굽이 형용할 수 없는 그 사랑
깊은 협곡 어귀에 둥지를 튼 비둘기

숭고한 사랑과 아름다운 향기로
늘 내 곁에 머물러 주세요
어머니 어머니

10월의 평화

10월의 늦은 오후
깊은 상념은 갈대숲에 서 있었다

바람이 살포시 온몸을
감싸안은 그때 이삭들이 속삭인다
"시간을 잊고 여기 머물러."
햇살이 스며드는 틈새마다
황금빛 물결이 일렁이고
조용한 물소리에 자연의 노래가 흐른다

갈대의 그늘 아래
나의 깊은 상념은 바람처럼 사라지고
흔들리는 갈대들 속에
진정한 평화를 찾는다

촛불의 기도

애절한 소망 담아 타오르는 불꽃
눈물 되어 소리 없이 흐를 때
기다림에 지쳐 마음 둘 곳 없는 그리움은
오늘도 하늘 향해 두 손을 모읍니다

꺼질 듯이 애처롭게 흔들리며 타올라도
임을 향한 일편단심
흔들리지 않는 곧은 이 마음은
온밤을 지새우다 꺼져버릴지라도
나는 당신만을 간직하며 살겠습니다

오 신이시여
다시 타오르게 하소서
이 뜨거운 그리움의 눈물이
불씨 되어 다시 살아나게 하소서
저 어둠을 밝혀가는 소중한 빛이 되게 하소서

배원석

통일의 노래

꼰대의 종말

낙엽에게

먹자골목

아내를 보며

겨울을 기다리며

통일의 노래

제멋대로 갈라놓은
허리 잘린 가련한 섬

바라는 것들은 모두
바다에 던져 버려라

분노하는 모든 것들을
바다에 던져 버려라

깊고 넓은 바다를 메워
육지로 길을 나서자

우리는 예전부터
대지의 전사들

내가 태어난 곳
단군의 땅으로
길을 떠나자

모두가 외면하는
외로운 섬에서
통일의 노래를 부른다

꼰대의 종말

가는 길이
서툴기만 합니다

처음 늙어
외롭고 어렵습니다

하는 일마다
무시당하며 삽니다

자랑스러운 뭐라도
말하고 싶은데
나서기가 두렵습니다

남아 있는 것은
지난날의
그리움뿐입니다

낙엽에게

봄부터 세상은 온통
신비한 모습
솟아나고 휘어지며
모든 것이 놀라웠다

찬란했던 여름날
무서운 비바람 속에도
뜨거운 뙤약볕 아래서도
네가 있어 외롭지 않았다

모든 것을 다 주고
이별을 선택한
너에게 말을 건넨다

덕분에 허리에
나이테 한 줄 늘고
건강한 나무가 되었다고

먹자골목

객기와 욕망이 토해 낸
쓰레기들이 거리에 비틀거리고
그들의 거친 숨소리가
나를 겁먹게 한다

헤픈 웃음소리
뺨을 스쳐 지나가고
싸구려 향수 냄새
속살을 헤집고 들어와
겨드랑이에 머문다

쌀쌀한 새벽 공기
옷깃을 여미며
올려 본 하늘에는
달님이 지켜보고 있었다

아내를 보며

딸이 잠든 방
빼꼼히 열어 보는 발길

연탄불 꺼질라
새벽 기침하시던
어머니가 생각납니다

못난 사과
골라 먹는 손길

나는 괜찮다
너나 많이 먹어라
어머니를 닮았습니다

어머니가 그리운 것은
내 곁에 또 다른 어머니가
있기 때문입니다

겨울을 기다리며

뜨거운 정열로
대지를 녹이고
쉼 없이 질주하던
찬란한 날들은 갔습니다

이제는
시기와 허세를 멈추고
사랑해야 할
시간만 남았습니다

겨울을 기다리며
고운 날을 만나
곱게 물들고 싶습니다

안경숙

가을

섬

아메리카노

아버지

어머니

가을

불타는 태양 아래
소용돌이치는 삶 속에서
헤어 나오려 몸부림친다

이 또한 지나가리라
온 마음을 다해 내려놓으니
파란 하늘이 내 가슴에 가득하다

코끝을 스치는 산들바람에
커다란 숨 한 번으로
모든 걸 포용한다

낙엽 타는 냄새는 여름을 밀쳐내고
높아지는 하늘 아래 휴식한다

내 마음도 든든하게 살이 오른다

섬

갈매기 떼 갈깃 짓으로
물밀듯 내 가슴으로 들어온 너

뱃고동 소리에, 한걸음에 달려와
포근하게 안아준다

일상에서의 고뇌는
하얗게 부서지는 파도에 실려 보내고
밀물에 발 담그고 근심을 씻는다

쪽빛 하늘을 가득 품은 마음에
섬 하나가 둥둥 떠다닌다

아메리카노

첫 만남의 향기에
밤잠을 설치고

두 번째 만남에
진한 향기로 다가온 그대

세 번째 만남은
따뜻함으로 다가와 곁에 앉는다
그렇게 사랑은 깊어가고

그리움은 진한 마음으로 다가와
가슴 깊이 여울지는 것이다

아버지

강원도 두메산골에는
언덕에 커다란 풀더미가
아침 이슬을 밟으며
굴러다닌다

가끔씩 풀더미에
깨금이 꽂혀 있으면
막내는 눈 비비며
깨금을 찾아 깨문다

아버지 얼굴에
흐뭇한 미소가 흘러내리고
아버지를 추앙하는 눈빛으로
바라보는 어머니

아버지께 냉수 한 대접 내미는
손길이 따뜻하다

꼴 짐을 지고 오신 아버지
모든 시름 다 부려놓으시고
머언 산을 바라보신다

*꼴 — 풀

어머니

금방이라도 눈물이 터질 듯
가슴 시리도록 서러운
차마, 드러내지 못하는 그리움

쏟아지는 삶의 무게를
온몸으로 다 맞으며
흠뻑 젖은 고뇌에
남몰래 눈물을 흘렸을까

가지 많은 나무에
그 바람 재우려 자신을 불태우고
영혼마저도 잃어버린 세월

헌신하며 추앙했던 반쪽과
삶의 전부이고 희망이었던 아들
광활한 천상에서
오롯이 당신만을 위한 행복이기를
바라봅니다

윤순분

나이아가라폭포

루즈벨트라스랜드

호박

나이아가라폭포

넘실넘실 집어삼킬 듯
천둥과 벼락이 오간 듯
물거품을 내뱉으면서
아래로 곤두박질친다.

옥색 치마 갈아입고
하얀 물보라가
일곱 색 무지개 만들면
환호성은 폭포 소리에 묻힌다

푸른 하늘에 흰 구름
그 아래 떠다니는 배는
세월을 낚으며, 풍류에 젖어
한바탕 웃어본다

빨간 우의에 인생을 노래한다

루즈벨트라스랜드

집을 나섰지만, 동서남북이 어딘가
당황하니 앞이 안 보인다

구글 앱도 몰라?
옛날에는 그랬지,
낫 놓고 기역 자 모른다고
깜깜하고 답답해 서성이다 하늘만 쳐다본다

지금부터다 빌딩 숲을 헤치다
서서히 눈이 밝아진다
저만치 원시림이 보인다
고지가 저기네
나도 모르게 안도의 숨을 쉰다

유유히 흐르는 포토맥강
그 가운데 섬 하나
루즈벨트 만나고 밀림에서
사슴과 눈 마주하니
함께하는 자연의 경이로움이 극치다

미국에서 느끼는 문명의 혜택을
받으며, 누려본다

호박

후드득, 빗소리에
구수한 된장국 냄새가
담을 넘는다

시골집 돌담을 따라
이엉을 붙잡고 올라가는
줄기에 노란 꽃 등을 켠다

그 아래 반질반질한 아가 궁둥이
가만히 들여다보니
호롱불처럼 빛난다

애호박을 숭덩숭덩 썰어 된장 풀고
바글바글 끓는 소리에 허기가 입가에 머문다

늙은 맷돌 호박은 볕에서
산 달을 기다리며 졸고 있다

오늘 저녁은 고향 냄새로 풍만하다

이민숙

님 마중

달님 속의 어머니

몽고반점

윤슬 시 성형외과

님 마중

먼동이 터오면
찾아올
뜨거운 사랑을 위해

님을 기다리며
밤새워 엮은 화관에
이슬 보석 달고
찬란한 태양을 기다린다

잘 띄라고
영롱한 돋보기로
반짝이며 신호를 보낸다

제일 먼저 볼 수 있게
이슬 단 화관모 쓰고 마중하련다

둘은 님의 품속에 스며 하나가 된다

달님 속의 어머니

머리카락 한 올 한 올 넘기며 간지럽히는
바람결에 눈을 떴다

살며시 쳐다보니 창밖에 달님이
나를 지켜보고 있었다
한참 바라보니 둥근 달님 속에
꿈에도 보고 싶은 어머니가 거기 계셨다

어릴 적 모깃불 피워놓은 마당에서
여름 하늘의 북두칠성과
전갈자리를 찾다가 잠이 들었다

볼을 간지럽히는
따뜻한 사랑의 손길에 깨어 보니,
미소 짓는 다정한 눈으로
양손 번갈아 부채질해 주시던
그 얼굴을 오늘 밤에 만났다

그리운 어머니 모습 사라질까 두려워
두 눈을 꼭 감았다

몽고반점

띵똥 택배가 도착했다

새콤달콤 맛있는 제주산 귤
조산기로 누워 지내는
우리 딸이 보내왔다

반갑고, 궁금한 마음에
서둘러 박스를 풀어보고 깜짝 놀랐다

황금 귤에 군데군데 푸른 멍이
꼭 우리 아가 엉덩이의 몽고반점 같았다.

얼마나 서둘러 왔으면 아직도
푸른 점을 달고 달려왔을까

딸의 마음이 보여서 한참을
미소로 들여다보았다

윤슬 시 성형외과

그곳에 들어서면
마음씨 좋은 명의 원장님이
늘 따뜻하게 맞아준다

이번에, 앞집 금숙 언니는
가을을 낳았고,
옆집 진숙 언니는 쌍둥이를 출산했다

낮은 코는 오똑이로
작은 눈은 쌍꺼풀로 또렷하게 해주고
못난이도 예쁘게 성형해 주시는
윤슬 시 병원은 예약이 꽉 찼다

한 번도 잉태 못 한 나는
부러움이 한가득이다
오늘은 진료 상담을 예약했다

나는 난임일까?
아니면 불임일까?
시험관을 해야 하나?

내 몸 가득 간절한 소망을 품어본다

이영관

퇴화

계절의 교차

낙엽 질 때면

콩나물의 실루엣

시어머니와 2박 3일

우리는 여름과 가을 사이

퇴화

빗물 타고 흐르는
낡은 담장
오랜 시간 서있는 시계
홀로 돌기 벅찬 원을 그리며
분침, 초침 거두려니
무딘 걸음으로 쓰러졌나 보다

아버지 인생이
겹쳐 하나가 된다
한 걸음이 열 걸음을 삼키고
한 바퀴가 열두 바퀴도
따라잡지 못해
낡은 두 시선이 세월에 묶였다

분칠도 날라버린 어머니 얼굴 같은
담장에 뿌연 안경 너머로
세상을 바라보는 시계
그 옆에 깔고 앉은 의자만이
추억에 절은 아버지의
낡은, 질긴 기억에 머문다

계절의 교차

낙엽 젖은 울부짖음은 삭막하다

열기로 꿈틀대던 또 하나의 계절은
열두 장의 사진첩,
몇 장에만 깃발을 꽂고 무심히 흘러갔다

앞서간 이의 뒷모습을
기억해야 할, 남은 사람에게
예의도 없이 갈증 난 목구멍을 열어
푸른빛의 설렘마저 삼키더니
끝내 뒷모습이 되었다

긴 행렬이 이어진다
후드득대는 조문객의 호들갑에
적막이 깨어나고
별들의 장례를 예견한
가을비는 곁눈질도 없이
식어버린 대지에 스며든다

낙엽 질 때면

고운이의 숨결로 노을빛 물든 가슴은
달콤한 속삭임에 길 떠날 채비를 한다

이른 계절 먼저 떠났던 이는
바람 편에 무서리 보내고
갈 길을 재촉한다

책갈피에 앉아
덮어 둔 페이지를 기억하던
포옹마저 외면받고

작은 그리움 속으로 떠나며
바람 한 줄 잡아 안부를 남긴다

콩나물의 실루엣

낡고 헐거운 갑옷
타닥 소리에 홍조 띠고
붉은 춤사위 머리 풀어
자유를 찾는다

헐벗은 육신의 끈적이는
젖내음 날리며
검은 치마 속으로 파고든다

흙빛으로 채워진 하늘
비 내리는 순간
한 줄 호흡처럼
빛은 잠시 스며들고
욕망은 투명 가면을 쓰고
머리를 내민다

연푸름 덧칠 위에
노을빛이 돋아난다

시어머니와 2박 3일

흰 국화 한 상 차려놓고
바쁜 자식들
옷 한 벌씩 입히고
꽃 속에 앉아 참 예쁘게 웃으신다

보고 싶단 말씀 대신에
바빠도 끼니 챙기라며
잠시 들른다 해도
당신 바쁘다며
그 시간도 쉬라더니

홀로 짚어진 적막감에
입 다문 전화기만
만지작거렸을 어머니

2박 3일 잔치는 끝나고
먼 여행길 떠나는 어머니
배웅하고 오는 길에

어머니, 어머니 가만히 불러보며
입안으로 꾸역꾸역 눈물 삼킨다

우리는 여름과 가을 사이

대지는 태양의 열정에 숨조차 쉬지 못하고
벌거벗은 분노로
녹아내리고 있었다

끝이 없을 것 같은
여름의 끝자락에서
바람에 등 떠밀리던 너

가을을 꼬집어 잡고
올 듯 말 듯 그렇게 왔다

연분홍 꽃잎에 설레고
하얀 꽃잎의 그리움,
기다림은
너에게 스며들고
와락 안긴 그림자가
가을과 입맞춤한다

너에게 머물며
소녀를 잉태하고
한 편의 시를 출산한다

장진숙

고장 난 시계

새벽

치매

잡초의 꿈

코스모스

해장국

고장 난 시계

시간 속을 떠돌다
하루에 두 번
꼭 만나는 순간이 찾아온다

세상은 나를 잊고 있을 때
그 짧은 순간 한 번 더
마주 보며 웃는다

흐르지 않는 시간 속에
많은 사연을 품은 채
비밀을 간직하며
두 번의 만남으로 행복하고 싶다

두 번을 맞는 진실을 안고
그 순간을 기다리며
시간과의 약속
결코 어긋나지 않으련다

새벽

커피의 유혹에 설친 잠

밤새 뒤척이다, 실눈 틈으로
새벽은 어느새 찾아와
잠들지 않는 눈꺼풀 다시 뜨게 한다

영자네 창은 불 꺼진 채
새벽을 기다린다
뒷동 미주네 창도
모두 깊은 잠에 고요하다

새벽은 창가에 머물러
희미한 여명의 빛으로 깨운다

어둠과 고요 사이
그 작은 틈에서
새벽은 말없이 자취를 감춘다

또 다른 하루의 시작을 남기고 간다

치매

기억의 저편에 가려진 얼굴

그대의 환한 미소로 맞아주던
흐릿해진 그 눈빛 속에
찾아 헤매는 고독

소중했던 이야기들
서서히 잊혀 가고
함께 나눈 순간들이
하얀 안갯속으로 스며들 때
나를 향한 그 따스함은
어디론가 사라져 버렸다

이름이 잊히고
그의 음성도 멀어져 갈 때
사랑의 흔적을
기억조차 못 하는 그대

내 마음속에 남아있는
그 시절의 그대는 그대로인데
함께한 순간이 그리워
나 혼자 눈물 흘린다

기억을 조각조각 이어
그대에게 속삭여 본다

"나 여기 있어"

우리가 함께한 날들을
결코 잊지 말아야 해
머지않아 다시 만날 것이니

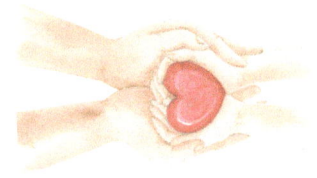

잡초의 꿈

잡초는 아름다운 꽃들과는
어울릴 수 없음을 알면서도
꿈을 꾼다

잡초는 자신에 쉼터인 것처럼
한 발 한 발 조심스레 내디뎌 본다
활개 치듯 쑥쑥 자라지 못한다 해도
마음껏 꽃을 피우려 벌 나비와
속살거리는 바람과도 친해지고 싶었다

이른 아침 단잠을 깨우는 새소리에
달콤하게 행복해 있을 즈음
어디선가 정적을 깨는 소리가 들려왔다

다가오는 기계음을 알고는
허락받지 못한 쉼터에서
잡초는 서러워하지도 않고
떠나야 할 것을 알고 있는 듯했다

마지막 긴 한숨을 내쉬며 함께 지내온
예쁜 꽃들과 다시 만날 것을 약속한다

코스모스

바람에 흔들려도
내 작은 꽃잎 하나하나에
누군가의 미소를 담고 싶어

짧은 시간 머무를지라도
흩날리는 나의 향기가
기억 속 한 줄기 햇살로
이 순간을 온전히 사랑하련다

해장국

어제의 술기운이 아직 머물러
머리가 묵직한 아침을 맞이한다

뜨거운 김이 피어오르는
해장국 앞에 머리와 속이
가벼워지길 바라며
빨간 고춧가루와 송송 썰린
청양고추가 고명으로 앉아 있다
국물 속에는 콩나물이 가득
맑고 매콤한 해장국이 어제를 위로한다

한 숟가락 입에 머금으면
어제의 잔잔한 속삭임도
취기 어린 웃음도
뜨거운 국물 속에 녹아내렸다

서늘한 아침 공기 속에서
해장국은 다시 한번
나를 따뜻하게 일으켜 세운다

그 한 그릇의 위로는
속을 채우고 마음을 달래준다

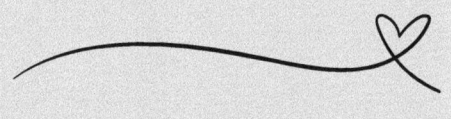

지한순

아버지의 지게

봄 마중

6월의 노래

설화의 시 향연

커피 한잔

채송화

아버지의 지게

해 질 무렵
삐거덕 사립문 여는 소리에
지게 발이 먼저 들어선다

풀 향 가득 업고
꼴 속엔 보물들인
밤, 개암, 가을 열매들과
귀뚜라미와 이름 모를 벌레도
따라왔다

꼴을 내려놓으시며
"애들 다 왔냐?"
우리를 부르시는 소리
아버지의 땀에 젖은 지게는
늘 우리들의 보물창고였다

풀벌레 우는소리에
아버지의 땀내 나는
등지게 가 보고 싶고
소금쩍으로 하얗게 핀
소금꽃도 그립다
아버지 등에 기대어
눈물 한 방울 흘려보고 싶다

가을을 가득 담고 오셨다

봄 마중

산허리에서 너를 기다린다
그립고, 보고파서
또, 일 년을 기다렸다

향기를 가득 안고
내게 오실 님
생각만 해도
가슴 뛰는 그리운 님

어제도
오늘도 기다려본다

고운 옷 입고
입술에 빨간 립스틱 바르고
님 마중 가련다

그대를 기다리며
봄 마중 가련다

6월의 노래

발걸음도 가볍게
산길을 오르면
나뭇가지마다
물오른
초록의 산야

파란 하늘엔 뭉게구름이 흐르고
산길 숲엔 하얀 찔레꽃 곱게 피어
내 마음 빼앗겨 머문다

잎새마다 풀 향기
꽃바람 타고 노래하고
가슴 설레는 생명의 새소리도
장단 맞춘다

6월의 노래가 살포시
나에게 안긴다.

설화의 시 향연

설화산을 바라보며
숲길을 들어서니
파라다이스가 펼쳐져 있었다

설화산 진초록의 향기와
찔레꽃, 구절초가
하얀 바다의 물거품 되어
우리를 향해 밀려오고 있었다

덩달아
빠알간 작약, 분홍빛 낮달 맞이,
수줍은 듯 고개 들어
모두 다 마중 나왔다

새들도 노래하며 춤을 추었고
누렁이 감자도 뛰어다니며
우리를 환영해 주었다

우리들의 시 낭송은
기타 연주에 맞춰 초야에 흐르고
잠자던 설화산을 깨웠다.

오월의 초록 세상을 파란 하늘에
무지갯빛으로 내 마음 깊이
눈이 부시도록 그려 넣었다

오늘은 설화산 시와 꽃의 잔칫날이다

커피 한잔

비가 오는 날이면 난 으레
쓸쓸함도 함께 내린다

커피 한 잔과 마주 앉아
비와 함께 눈물이 흐른다

그윽한 커피 향이
따스함과 포근함으로
외로운 가슴을 달래 준다

한 모금, 두 모금, 세 모금
비와 함께 그리움을 마신다

채송화

장독 뒤에 곱게
숨어있는
너를 보았다

꼭꼭 숨어 있는
너희를 찾다 보니

분홍색 치맛자락은 한숙이
빨간색 고무신은 혜숙이

그 뒤에 동생들을 닮은
노란색 채송화가 숨어 있었다

숨바꼭질하다
너를 보았다

한숙자

내 짝

신발 한 켤레

양수리

여유

텀블러의 선물

허무

내 짝

앉은뱅이 상을 친구 삼아
생각을 썼다 지웠다
보고 또 읽으며
그 안에 나의 갈급함을 담아본다

그렇게 하나의 소중한 네가
시로 새롭게 태어나
나의 곁에 머무르고 있다

늦게 찾은 나의 단짝 친구

신발 한 켤레

언제나 나를 업고 다니는 너
한 번도 고맙다는 생각조차 못 했다

언제나 어느 곳이든
싫은 내색 없이 함께 나서는 너
때로는 맵시로, 보호로
자갈 틈도. 진흙 구덩이도
더러움도 마다하지 않는 너
헐어지고 볼품 없어지면
미련 없이 버려지는 너

없어서는 안 될
귀하고 소중함을 이제 알게 한다

양수리

북한강 물줄기 남한강으로
두 갈래 물줄기의 만남은
남, 북의 만남을 기원한다

언젠가 만나야 할 혈육
하나 되기 위해 터 잡아
나무를 심고, 모진 비바람 견디며
이제는 그리움의 동산이 되었다

새들이 찾아와 둥지를 틀고
전국에서 많은 사람들이 찾아와
도란도란 이야기꽃을 피우는 명소로
물 위에 반짝이는 영롱한 보석

너를 품은 윤슬의 넉넉함을 담는다

여유

예쁜 카페 창문 옆에 앉아
바닐라 라테를 불렀다

잔 속에 따뜻한 하트가
너울너울 춤을 추며 다가와 앉는다

하트 꽁지가 입안에서
사르르 달콤하게 녹아
그윽한 향기 가득 번진다

옆 테이블엔
삼삼오오
도란도란 사랑 꽃이 피어나고

창밖을 보니
삭막했던 대지에
초록이 물들어 환하고
하늘에는 뭉게구름마저
한가로이 떠 있다

텀블러의 선물

어느 날 가방 속을 찾은 손님

어찌나 놀랐던지 살필 겨를도 없이
따뜻한 마음이 더 먼저 느껴진다

예쁜 주머니 안에 반갑게 맞이해 주는
한가득 담긴 정성 어린 손길

덕분에 어디를 가든지
단짝 친구가 생겼다

어스름 새벽 그분 앞에 두 손 모을 때
눈치 없는 불청객은 기침으로 방해한다

가방 속 따뜻한 손길은 기도로
순하게 마무리 짓게 해 준다

그런 고마운 마음이 있어
오늘도 편안한 새벽을 연다

허무

산속 깊은 곳에 힘차게
흐르는 물소리 크고 작은
돌 틈 사이로
요리조리 헤엄치는
물고기들

유난히 짓궂은 망둥이 한 마리가
흙탕물을 일으켜 온 물을
흐리게 한다

앞이 안 보여 더듬거리며
내려가 보니
이끼 낀 바위에
부딪쳐 뒹구는 모습

어디서 들려오는 발소리
물고기 낚으러 왔다가
흙탕물을 보고 허탈한
미소를 지으며 돌아간다

망둥이의 통탕질 고비를 넘겼다

에필로그

우리 마을 잔칫날

박정원

내 삶을 돌아보며
모든 감정 쏟아 부은 시낭송 시간
괜찮을 줄 알았는데...

돌아가신 부모님이 보고 싶어서 한 방울
이쁜 내 자식 곁에 두고도 그리워서 한 방울

햇살처럼 따사로웠던 젊음이 그리워 한줄
떠나간 시간이 서러워 사랑 한줄
적다 보니 그래도 잘 살아왔다 건넨 위로 한줄

책상 앞에 앉아 다시 떠올리는 나의 어제
시에 적어보는 내일의 기대
함께라는 마음이 내게 준 사랑

첫 시를 순산했으니 빵 한 조각
시낭송 대회 수상했으니 떡 한 조각
시창작 대회 수상했으니 생강차 한잔
기쁨 나누다 보니
시를 통해 우리는 가족

우리 그린 푸른 꿈 다르나
우리는 이미 노을빛 시인

우리 살아온 자취 다르나
우리 삶은 이미 한 편의 시집

내 일상에 시가 찾아와
매일이 잔칫날이 된다
그대와 함께라 더 좋다